청어詩人選 509

3시 반 차를 기다리며

김종룡 시집

청어

3시 반 차를 기다리며

김종륭 시집

시인의 말

신새벽에서 멀리왔다.

오후 3시,
이곳을 떠나는 아쉬움과
그곳을 떠올리는 보고픔을 안고
버스를 기다린다.

해 질 녘
그곳에 도착하면
코스모스 꽃핀 강둑길과
들판을 황금빛으로 물들이는
해넘이 풍경을 볼 수 있겠지.

3시 반 차가 떠난다.
대합실 옆 튤립나무가
손바닥 같은 노란 잎새를
나에게 흔들어 보였다.

2025년 가을
김종륭

차례

1부

그 길을 걷는다

나는 남은 길을 똑바로 걸어야겠다고
세상 가장 밝은 얼굴로 걸어가야겠다고

인생의 섬이 세 개라고 하면

인생의 섬이 세 개라고 하면
나는 지금
세 번째 섬 앞에 서 있다

지나온 섬이 궁금해 뒤돌아보면
내가 걸어온 길들이
온통 갈지자로 굽어 있다

세 번째 가야 할 섬의 길이
점점 줄어들 테지만
그래도 나는 남은 길을
똑바로 걸어야겠다고
세상 가장 밝은 얼굴로 걸어가야겠다고
생각했다

오늘 내 생일에

청석탑 한 채

속리산 자락
묘봉 아래 작은 암자
여적암 마당에
어린아이 키만 한
탑이 하나 서 있다

우러러보는 큰 석탑이 아니라
눈높이를 맞추며 느리게 돌아야 하는
청석탑

가슴 시린 늦가을이면
속리에서 산길을 따라 올라
허기질 때쯤
켜켜이 쌓인 청석처럼
가슴을 따스하게 채워주는
청석탑 한 채를 만난다

나의 시는

닿으면 이내 손 베이는
종이 한 장의 날카로운
단면이 아니라
새의 깃털처럼 닿는
종이 앞면과 같이
감미로운 감촉으로 다가와
가슴을 따스하게 해주는
그런 시라면 좋겠다

그대에게 보내는
나의 시는

당산 생각의 벙커

청주 향교로 가는 가파른 길옆에
당산이 있다
당산에서 가장 낮은 골 그곳에
산 귀퉁이를 가로지르는 땅굴이 있다

아내가 중학생 때 풍문으로 들었다 한다
중앙초등학교 뒷산에 굴이 있다고
전쟁 나면 들어가 숨을 수 있는
거대한 땅굴이 있다고

그 땅굴이 50년 만에 세상 밖으로 나왔다
육중한 3중 철문이 열리고
화려한 조명과 색의 향연이 펼쳐지는 벙커

당산 벙커는
이제 숨은 땅굴이 아니라
너와 내가 마주 보는 소통의 통로
평화를 소원하는 당산 생각의 벙커다

지구는 여전히 굴러간다

한낮
오월의 햇살이 내리는
아람뜨락 벤치에 앉아 있는데
참새 한 마리 포르르 날아와
데크 위에 뿌려놓은
과자 부스러기를 쪼아 먹는다
허겁지겁 쪼아 먹던 참새가
과자 쪼가리를 물고 날아가더니
잠시 후 새끼를 데려왔다
어린 참새가 날개를 바르르 떨면
어미 참새가 주둥이를 맞대어
새끼 입에 먹이를 넣어준다
배를 채운 참새 가족이
작은 연못을 지나 숲으로 날아간다
참새가 지나간 연못 가장자리
어린 부들잎이 바람에 살랑 흔들린다
마냥 평화로운 오월의 한낮은 안녕하고
지구는 여전히 굴러간다

매미의 하안거

비 들이치는 베란다 방충망에
매미 한 마리 붙어있다

화초에 물 주고 쳐다봐도
한밤중에 쳐다봐도
꼼짝 않고 매달린 매미
하안거에 들어간 스님 같다

장맛비 그치고
귀한 햇볕에 날개를 말린 매미가
가볍게 날아올랐다

매미가 떠나고
폭염과 열대야가 몰려온다
이제 내가 하안거에 들어야겠다
그 매미처럼

암스테르담 공항의 시계

10년 만에 들른 스키폴 공항
그 시계가 궁금해
내려가는 에스컬레이터 앞에서
시계를 쳐다보았다
공항 대합실 높은 천장에 매달린 거대한 시계
반투명 케이스 속 어떤 남자는
지금도 시계 안에서 파란 옷을 입고
노란 타올을 허리춤에 걸치고
페인트가 든 빨간 통을 앞에 두고
붓을 들어 분침과 시침을
그렸다 지우고
지웠다 그리곤 한다

내가 10년 후 다시 이곳을 들를지 모르지만
그 시계 속 남자는 아랑곳하지 않고
여전히 분침과 시침을 그려 붙이는
매일 같이 시간을 그리는 화가로
열일하고 있겠지

나는 공항 대합실을 떠나면서
자꾸 고개를 돌려
그 시계를 눈에 담았다

체크포인트 찰리에서

동서로 가른 베를린 장벽이 무너지고
상징으로 남은 체크포인트 찰리

그 작은 미군 검문소엔
사진을 남기려는 관광객들이
줄지어 서 있다

기념품 가게를 나와 길을 건너는데
체크포인트 찰리가 보이는 카페
바깥 테이블 위에
노란 쑥국화 한 다발이 놓여있고
나이 지긋한 이방의 남녀가 마주 앉아
조곤조곤 이야기를 나눈다

무슨 기념일이라도 되는 걸까
진지한 연인의 얼굴을 지나쳐
베를린 장벽이 그대로 남아있는
포츠담 광장으로 간다

코펜하겐에서 넘어지다

덴마크 코펜하겐에서
그것도 뾰족 건물이 줄지어 선 번화가에서
횡단보도를 건너다 넘어졌다

사진을 찍느라 늑장 부리다
아내와 딸이 빨리 건너오란 말에
부리나케 뛰다가 그만
자전거도로 경계석에 걸려 나뒹굴었다

배낭을 멘 채 도로 한가운데 누운 나를
아내와 딸이 일으켜 세우는데
카페 앞 멋쟁이 금발 아가씨들이
걱정스런 눈빛으로 쳐다보고 있다
아픈 것은 둘째 치고
이런 당혹스런 일이 나에게 일어나다니

코펜하겐을 떠나는 비행기 안에서
여기는 잊지 못할 도시라는 생각이 들었다

피오르 마을 송달에서

송네 피오르에서 깊숙이 들어간 마을
송달의 게스트하우스에서
바다지만 바다 같지 않게 잔잔한
피오르 물결을 보는데
오후 1시의 태양 아래
무슨 지도를 그리듯 퍼지는 윤슬이
눈부시게 빛나고
멀리 바다를 품은 산릉선에는
한여름에도 만년설이 얹혀 있다

숙소 쪽으로 난 꾸불꾸불한 길을 보는데
노란 헬멧을 쓰고 백팩을 등에 멘 아이가
작은 자전거를 타고
신이 난 듯 한적한 도로를 휘저으며 올라온다
길가 큰 돌을 딛고 잠시 쉬다가
엉덩이를 들고 페달을 밟으며
언덕길을 올라간다

이튿날 시내 카페에 가다가
그 아이를 또 보았다
어제와는 반대 길로 자전거 타고 간다

가까이서 보니 남자아이가 아니라
긴 금발의 여자아이인데
신호등도 없는 마을 횡단보도를
자전거에서 내려 끌고 간다
그 아이가 반듯하게 자라
멋진 금발의 아가씨가 되면 좋겠다

은파 물빛다리에서

항구도시 군산
은파 호수공원의 물빛다리 초입에
사랑을 이루는 법이라고
줄줄이 적혀 있다

그러나 사랑을 이루는 것이
어디 이뿐이랴
사랑, 사랑에는 수만 가지 사연이 있다

다만
사랑을 이루기 위해
간절히 임할 일이다

간절한 그 사랑을 이루었다면
지금처럼
끝까지 사랑할 일이다

고개 돌려 호수를 보는데
물빛다리 아래서
무지개 꽃이 환하게 피어난다

회화나무 2

장대비가 쏟아졌다

한차례 격랑이 지나간
아파트와 아파트 사이 숲길에
한꺼번에 떨어져
목 놓아 울고 있는
흰연두꽃들

슬픈 여름이 가고 있다

코스모스 꽃길에서

꿈에서 깼다
악몽이었다

창밖을 내다보았다
새벽안개가 일어
도서관과 사거리와 멀리 아파트까지
다 지워버리고
공원 가로등 불빛이 희미하게 흔들렸다

한 시간 지나면 날이 새지만
기다릴 수 없어 다시 누웠다
어느 노(老)교수가
꿈은 거의 악몽이라 했던가

그래도 나는
몇 시간이 지나면
노란 코스모스가 바람에 일렁이는
무심천 꽃밭에 있을 거다
같은 길을 걷는 너와 함께

가을 풍경화 1

은행나무 아래 마당에서
검둥개가 밥그릇을 마주하고 있다

찌그러진 양은그릇에
은행잎이 덮인 사료를 먹지도 못하고
물끄러미 바라만 보는 검둥이

늙은 은행나무가
노란 은행잎을 마당에 깔고
빈 가지만 남은 채
검둥이와 개밥그릇을 내려다보며
쓸쓸히 서 있다

가을이 깊어 간다

가을 풍경화 2

갈색으로 물든 낙가산에 동이 튼다
아파트 굴뚝에 흰 연기가
하늘로 오르다 사라지고
일터로 가는 차들은
우회도로를 따라 분주히 빠져나간다

햇살이 내리는 도로변
튤립나무는 황금잎을 바닥에 깔고
마른 꽃만 매단 채
하늘바라기로 서 있다

튤립나무 앞 아다지오 카페에는
진한 커피 향이 느리게 느리게 퍼지고
일터로 나간 차들이
우회도로를 타고 줄줄이 들어오면서
가을 풍경은 붉은 저녁노을에 젖어 든다

겨울 풍경화 5

눈 그친 저녁
사거리 신호등 건너 공원 입구에는
회화나무 두 그루가
마른 열매를 매단 채 우두커니 서 있고
모과나무와 공중화장실을 지나면
눈 맞은 돌 조각품들이
공원 둘레길에 병정처럼 서 있다
눈 쌓인 광장 운동기구에서
영하 10도의 추위를 이겨보려는 듯
젊은이 둘이 페달을 빠르게 밟고 있다
순간, 어느 축구선수의 골 세리머니가 생각났다
양손 엄지와 검지를 맞대고
카메라 렌즈처럼 눈가에 갖다 대자
눈 쌓인 아담한 원형 광장과
운동하는 두 젊은이가
크리스마스카드의 그림처럼
내 눈에 들어와 그대로 박혔다
그리고 천천히 손을 떼는 사이
겨울 공원에 땅거미가 지기 시작했다

겨울 풍경화 6

초겨울
여명이 선도에서 낙가까지
산등성이 타고 오를 때
오래된 아파트 굴뚝에서
추억처럼 흰 연기 피어오른다

옛집
정겨운 초가 사랑방에서
어린 꿈을 꿀 때
아직 어두운 새벽 부엌에서
어머니가 군불을 지피시고
초가 뒤뜰 야트막한 굴뚝에서
구름 같은 흰 연기가 피어올랐다

신새벽
흰 연기 오르는 아파트 굴뚝 아래
칸칸이 살고 있는 선한 사람들
아직 달콤한 꿀잠 속에
빠져있으면 좋겠다

뒤뜰

출근 시간이 소란스레 지난
아파트 상가 뒤뜰에서
노랑 파랑 빨강 앞치마를 두른
아줌마 셋이 수다를 떨고 있다
고요하던 뒤뜰에 생기가 돈다

상가에 하나 둘 손님이 들면서
아줌마 셋은 서둘러 가게로 들어가고
찐빵집 김밥집 헤어숍
색색의 간판이 걸린 상가의 뒤뜰은
다시 고요에 잠긴다

옥계폭포

그 여자 몸 푼 자리
그 앞에 둥근 돌 하나 놓여 있었네
돌을 치우자 마을 남자들은
영문도 모른 채 세상 떠났네
다시 돌을 그 여자 앞에 놓아두었네
불상사 사라지고 평화가 왔네

영동군 심천면
천모산 골짜기 따라
한참을 걸어 올라가면 나타나는 그 여자
구슬 같은 눈물
한없이 떨구는
그 여자
옥계

생일

칠월 칠석날 아침
아내가 한 상 가득 차려 내왔다
육십갑자 한 바퀴 돌아온
환갑 생일

돌아보면
60년 동안 채우기만 했다
다시 시작하는 덤 같은 삶을
조금씩 덜어내며 살아
이 세상 떠날 때
몸과 맘 가벼웠으면 좋겠다

눈 부신 햇살이 가득한 공원
빈 나무 벤치에
회화나무 흰연두꽃이
꽃비로 내리고 있다

고뇌하다

성경을 펼치고
복음서 속으로 들어가
갈릴래아 호수 건너편으로
그분을 따라
제자들을 따라간다

그분께서
하늘에서 내려온 살아있는 빵이라고
누구든지 그 빵을 먹는 사람은
영원히 살 것이라 말씀하시자
많은 제자가 떠나갔다

복음서에서 나와
성경을 덮는데
가슴을 꿰뚫는 쟁쟁한 말씀이
들려온다

"너희도 떠나고 싶으냐?"*

*요한복음 6장 67절

흔적

우회도로 옆 숲길을 걷다가
가지가 늘어져 땅에 닿는
오래된 굴피나무를 보았다

내 키만 한 나무 몸통에
깊은 상처의 흔적이 있다

즐비한 상수리나무 사이
홀로 서 있던 굴피나무는
도토리묵 꿈꾸는 사람들의
호박돌을 피하지 못했으리
약재로 쓰일 열매를 한꺼번에 쏟아내고
목 놓아 울었으리

이 가을날
다시 열매를 매단 굴피나무는
상처의 흔적을 감추려
가지를 땅에 닿게 하는 것이었다

2부

너와 나의 여정

가을이 오면서 싹을 틔우기 시작하더니
한겨울에 꽃을 피운 사랑초

겨울 사랑초

동지 지나며
깊어가는 겨울

아파트 베란다
오래된 토분 속 사랑초가
꽃을 피웠다

긴긴 여름
잎새 하나 없이 녹아내리고
가을이 오면서
싹을 틔우기 시작하더니
한겨울에 꽃을 피운 사랑초

연분홍 사랑초 꽃송이가
여린 겨울 햇살에
빛나고 있다

베란다가 환하다

도청 앞 카페에서

우수 지나
사흘째 겨울비 내리는 날
도청사거리 이층 카페에서
커피를 마시며 내려다보는 도청 정원
뭔가 낯설다
철옹성처럼 서 있던 담장이 사라지고
육각정 앞 연못도 사라지고
잔디 깔린 마당 가장자리가
보도블록과 맞닿아 있다

담장 사이에서 얼굴을 마주 보던
느티나무와 마로니에가
경계가 지워진 도청 너른 마당에서
나무 밑동에서 꼭대기까지
온몸을 마주하고 서 있다

무언의 장벽이 사라진
도청 정원이 환하다

동짓날 2

해 질 녘이면 무작정 걸었다
공원으로 소담길로 먹자골목으로
동네 한 바퀴 돌고 돌면서
긴긴 여름이 가고
짧은 가을도 가고
눈 내리는 겨울이 왔다

해 질 녘
눈 내린 공원에 서 있는 산수유나무
온통 빨간 열매가 매달려
허기진 직박구리를 유혹하고 있다
소담길 옹벽 앞 배롱나무는
마른 열매만 매단 채
찬바람에 흔들린다
먹자골목에 들어서면
식당마다 대표 메뉴를 내 걸고
희망의 등불을 밝힌다

동네 한 바퀴 돌아 집으로 올 때
동짓날 밤은 깊어지고
한해가 쓸쓸히 저물어간다

망골공원에서

어느새 7월이다
장마가 한창일 때지만
폭염과 열대야가 진을 친다

따가운 햇살이 드리운 망골공원
좁다란 산책길에 서 있는 모감주나무가
더위에 지쳤는지
노란 꽃을 톡톡 떨어트려
꽃길을 내고 있다

공원 안쪽 물놀이장에는
맨손체조를 마친 아이들이
미끄럼틀 타고 물속으로 뛰어든다
무더위도 잊은 채
물놀이에 푹 빠진 아이들
보는 눈도 즐겁다

공원을 나서는데
병정처럼 우뚝 선 회화나무가
한 줄기 바람에 초록잎 손을 흔든다

한 해의 끝에 서서

해 저무는 지북동 무심천 둔치에서
포클레인 넉 대가 찬바람 가르며
갈대밭을 갈아엎고 있다

굉음을 날리며 거침없이 열일하는
포클레인을 보면서
한 해가 저물도록 갈지 못한
마음 밭을 생각한다
뒤돌아보면 기쁨보다 슬픔이
웃음보다 눈물의 기억이
묵은 밭이랑을 채울 뿐
꽃나무 하나 심을 땅조차 엎지 못한
마음 밭

새봄이 오고
무심천 둔치에 유채꽃 피어날 때
내 마음 밭에도
희망의 꽃 한 송이 피어나면 좋겠다

유두절

한낮
폭염 경보가 내리고
오가는 사람 하나 없는 공원 초입에
사천왕처럼 서 있는
회화나무 숲속으로
까치가 숨어들었다
유두절이었다

아름다운 이별

아내와 TV 앞에 앉아
'앎'이란 다큐를 본다

다가오는 죽음을 순명으로 받아들이는
말기 암 환자
남은 시간을 사랑하며 살다가
마침내 임종의 시간
떠나는 이와 남겨질 가족이
힘겹게 힘겹게 나누는 애틋한 말들
아름다운 이별이라 해도
마지막 이별은 피눈물이다

다큐가 끝나고
아내와 마주 앉아 커피를 마신다
살며시 커피잔을 맞대고
촉촉이 젖은 눈을 바라본다

도청이 보이는 카페에서

11월 달력
마지막 줄을 건너가는 날
도청이 보이는 카페 창가에 앉아
커피를 마시며 가을을 잡고 있다

오래전 도청 본관에 들어가 본 적 있다
대통령이 도정 보고를 받는 자리
신원조회를 거쳐 출입증 달고
방송 중계할 때
경호팀이 회의실 천장 통풍구까지 뒤지고
건물 옥상 곳곳에 검은 베레모 쓴 저격수가
총을 숨기고 눈을 부라리며
긴장을 풍선처럼 부풀려 올리던 시절

가을 햇살이 깔리는 고즈넉한 도청 본관
외벽에 현수막 하나 걸려있다
'강호축 완성으로 국가균형발전 실현'
강원과 충청과 호남을 연결하는
성장축을 만들자는 거
아무튼 모두 잘 살았으면 좋겠다

커피잔을 내려놓는데
도청 정원의 느티나무 마른 잎새가
팔랑개비 돌며 보도에 떨어진다

덕혜옹주

영화 시작도 전에
가슴이 먹먹하다

대한제국 초대 황제 고종의 딸
복녕당 아기씨
황녀 이덕혜……

영화가 끝나고
자막이 오르고
애달픈 노래가 흐를 때
그녀 얼굴이
흰 장막에
잔물결처럼 너울거린다

돌아서는
발걸음이 무겁다

겨울 우이동에서

북한산 자락 우이동에
600년 된 은행나무가 서 있다

잎새 하나 없이
굵은 가지만 하늘로 치켜올린
오래된 은행나무와 오래도록 마주 본다

북한산 위로 해 떠오르고
한강 너머로 보름달 질 때
은행나무가 내게 속삭인다
인생은 돌고 도는 거라고

한강 너머로 해 지고
북한산 위로 보름달 떠오를 때
은행나무가 다시 속삭인다
인생은 순리대로 사는 거라고

11월

10월 달력을 떼어내고
집을 나섰다

중흥공원 초입
옹벽 담쟁이넝쿨 아래서
돈 벌러 나온 젊은 부부가
통통한 붕어빵을 굽고
겨울 점퍼를 입은 아이들이 뛰노는
놀이터 옆 은행나무는
샛노란 옷을 벗어
잔디 위에 소복이 쌓아놓는데

저만치 공원 끝으로
쓸쓸히 떠나가는
가을

왕벚나무 2

아파트 뜨락에
가지 잘린 왕벚나무
허허 들판에 허수아비처럼
서 있다

목련, 청매, 홍매, 산수유
앞다투어 꽃피는데
꽃망울도 터뜨리지 못하고
젖몸살을 앓는
왕벚나무가 안쓰러워
봄비 내린다
내리고 또 내린다

비 그친 아침
한껏 낮아진 왕벚나무
맨살에 손을 얹었다
고요하다

시화를 걷으며

돈도 밥도 되지 않는 시를 쓰는
시만 생각하고 사랑하는
시울림 시인들이
낙가천 벚나무길에 시화를 내걸었습니다

시집이 팔리지 않는 시대
모바일 시대에
누가 시를 읽을까요?

그런데
시의 뜨락은 쓸쓸하지 않았습니다
개와 함께 산책 나온 여인이
시를 읽고 지나가고
젊은 처자는 시와 어깨동무로 사진을 찍고
가을비 오는 날은
어떤 신사가 우산을 쓰고
빗속에서 처음부터 끝까지
시를 읽고 지나갔습니다

아쉬운 시화전이 끝나고
시화를 걷습니디

시만 생각하고 사랑하는 시인들은
내년 가을이 오면
또다시
낙가천 벚나무길에 시화를 내걸 것입니다
단풍 물드는 시의 뜨락에

고마리꽃

속리산 계곡
아이들이 물놀이하고 떠난
개울가에 핀
앙증맞은 꽃

오랜 폭염과 열대야에 지친
일그러진 내 얼굴을
단박에 환히 피우는 꽃

고마운 고마리꽃

병원에서

한적한 병원의 저녁
휴게실 모퉁이에서
휠체어에 앉은 환자와
엄마와 함께 온 아이가
면회를 하고 있다
환자를 유심히 살피던 아이가
팔랑팔랑 뛰어가더니
대리처방전 용지를 가져와
뒷면에 뭔가 써서 엄마에게 준다
그 종이가 힘겹게 환자의 손에 건네졌다

'할아버지 힘내세요 건강하세요'

환자의 가장 든든한 손자가
귀가 어두운 할아버지께
손 글씨로 응원의 눈길을 보내는 것이다
아버지를 바라보는 딸의 눈길은 애틋하고
할아버지를 생각하는 손자의 마음은 기특하다
환자는 손 글씨를 가슴에 품은 채 병실로 떠나고
아이는 엄마 손을 잡고 총총히 병원을 나선다

요나

요나는 심통 꾸러기다

죄 많은 니네베는 단죄받아야 했다
그러나 자신의 예언으로 살아날 그곳이
요나는 마땅치 않았다

도망친 요나는
다만 한 가지를 잊고 있었다

사람 가슴 속보다도
고래 뱃속보다도
바다보다도
넓고 깊은 하느님의 자비를
잊고 있었다

그럼에도 요나는
바다에서 육지로
죽음에서 생명으로 건너갔다*

*요한복음 5장 24절 참조

유월 1

도청 사거리에
반소매 옷을 입은 사람들이
분주히 오간다

도청 앞 가로수 마로니에는
꽃 진 자리마다
도토리만 한 초록 열매를 매달고
그늘을 늘리고 있다

도청 담장 안에 서 있는
건물의 붉은 벽돌만큼 오래된 느티나무
그 꼭대기 까치집에는
집 떠날 어린 까치들이
막바지 먹이를 받아먹고 있다

3층 카페에서 나는
도청 사거리와 마로니에와
까치집을 본다

유월 2

어느새
짙은 초록 숲으로 다가온
유월

장맛비 몰고 오는
변화무쌍 구름 사이
옅은 노을 속으로

어느새
흔적도 없이 사라지는
유월

빵을 나눈다는 것

빵을 나눈다는 것은
사랑을 나누는 일이다

봄부터 가을까지
동전을 모은 아내가
돼지 저금통을 털었다
성당 식구들과 십시일반 모은 돈으로
재활원생들이 만든 카스테라를 사와
아파트 단지 노인정을 돌며
나누어 드렸는데
할머니들께서 손을 꼭 잡고
잘 먹겠다 하셨다고

이웃과 빵을 나누며
따스한 정을 나눌 때
그 빵은 사랑이다

교토에서 만난 윤동주 시인

시인을 만난 곳은
교토의 뒷골목이었다

허름한 하숙집 2층
다다미방 창문을 열고
시인은
이국땅 밤하늘의 별을 헤며
고향 북간도를, 어머니를 그리고 있다

시인을 만난 곳은
교토의 도시샤대학이었다

대학 노트를 팔에 끼고
붉은 벽돌 건물 강의동을 나온
시인은
늦가을 햇살 속으로 총총히 걸어간다

시인은 떠나고
단풍잎 날리는 캠퍼스 정원에
서시가 새겨진 시비 하나 서 있다

대청호에서

늦가을
대청호 산책길을 걸었다
큰뫼골 식당에서 새우탕과 밥 먹고
마당 감나무 꼭대기에 까치밥을 보는데
구름 낀 하늘에 무지개
금세 흩어진다

인생은 무지개 같은 것
붉은 해가 서산에 넘어가는 것이라
생각하는데

감나무 앞에 펼쳐진
대청호반 억새 숲이
햇살에 눈 부시다

평화가 우리와 함께

새해 첫날
동네 한 바퀴 돌아봅니다

아파트 담장 너머
빨간 산수유나무 열매를 쪼아 먹는
직박구리들의 몸짓이
평화롭게 보입니다

소담길 초입 놀이터에서
추운 줄 모르고 뛰노는
코흘리개 아이들이 보입니다
마냥 평화롭습니다

회화나무와 메타세쿼이아 나무가 서 있는
공원 산책길 따라
운동복 입은 사람들 줄지어 돌고
공원 끝으로 첫 해가 넘어갑니다

우리 함께 사는 이 땅에
평화가 항구히 깃들길 소원하며
마음속으로 외쳐봅니다
평화가 우리와 함께!

3부

3시 반 차를 기다리며

시련의 계절이 가고 가을이 오면
강둑 따라 피어있는 코스모스 꽃길을 내달리는

자전거는 구르고 싶다

아파트 울타리 안쪽 공터에
신사용 자전거 하나가
전나무 허리춤에 묶여 있다

아파트 울타리 따라 오갈 때면
걸음을 멈추고 눈 맞추는
낡은 자전거

폭염과 열대야
세찬 장맛비를 온몸으로 견디며
홀로 서 있는 자전거

자전거는 꿈꾸고 있는지 모른다
시련의 계절이 가고 가을이 오면
어느 멋진 신사를 태우고
강둑 따라 피어있는
코스모스 꽃길을 내달리는
신나는 꿈을

습작 노트를 펼치며

아침 일찍 일어나 책상 앞에 앉는데
며칠 전 읽다 만 시집이 눈에 띤다

탄탄한 시인들의 엮음 시집 속
좋은 시들을 읽다 보면
고개를 끄덕이다가
무릎을 치면서 탄성을 뱉게 되는
은구슬 같은 말들의 향연에
마냥 빠져든다

시집을 덮을 때쯤
유월 하지의 해가 떠오르고
음력 오월의 보름달이 지고 있다

시집을 책장에 꽂아두고
습작 노트를 펼친다

3시 반 차를 기다리며 1

신새벽에서 멀리 왔다

정오의 고개를 넘어
나른해지는 오후 3시
대합실에 모인 사람들은
각자 가야 할 곳으로 표를 끊고
버스를 기다린다

11번 게이트, 문 앞에 걸터앉아
생각한다

해 질 녘까지
아직 세 시간이 남아있고
버스 타고 그곳에 도착하면
강둑 따라 피어있는 코스모스 꽃길과
너른 들판을 황금빛으로 물들이는
해넘이 풍경을 볼 수 있으리

버스 시동이 걸린다
가슴을 흔드는 진동과 함께
이곳을 떠나는 아쉬움과

그곳을 떠올리는 보고픔을 안고
3시 반 차는 떠난다

3시 반 차를 기다리며 2

3시 반 차표를 끊고
버스를 기다린다

대합실에 주욱 늘어서서
준비된 메뉴판대로
시장기 돋는 냄새를 피우는 식당들

그래, 먼 길 떠날 땐 밥심이지
어머니가 차려주시던 시래기국밥을 떠올리며
뚝배기에서 펄펄 끓는 콩나물국밥을
늦은 점심으로 먹는다

3시 반 차가 터미널을 나설 때
낯선 도시의 백합나무는
늦가을 마른 잎새를 쓸쓸히
쓸쓸히 흔들고 있었다

3시 반 차를 기다리며 3

대합실 11번 게이트 앞에 앉아
버스를 기다리는데
몇 줄 앞 긴 의자에 나보다 더 젊은
아버지가 앉아계신다

어렸을 적
강원도 큰집 제사에 다녀올 때
홍천 버스 주차장 앞 허름한 식당에서
아버지는 나에게 막국수를 사주셨다
주인장이 둥근 반죽을 틀에 밀어 넣으면
물 끓는 가마솥으로 줄지어 떨어지던 막국수
막국수를 먹다가 아버지처럼
국수 국물에 간장 몇 방울 넣고
뜨거운 컵을 두 손으로 쥔 채
호호 불면서 마시던 기억이
새록새록 살아난다

고속버스 승차 중 안내판을 보고
젊은 아버지를 내 마음의 방에 모시고
버스에 오른다

3시 반 차가 청주에 도착하면
마중 나온 아내와 딸과 함께
배롱나무 꽃핀 야트막한 언덕의 막국숫집에서
붉은 노을에 젖은 비빔막국수 한 그릇
비우고 싶다

마로니에가 보이는 카페에서

이른 봄
명동 어느 대폿집에서
흥이 얼큰 올랐을 때
단숨에 시 한 편 써 내려간
낭만 가객, 그리고

일주일이 지나
29년의 짧은 생을 마감한
모던 보이 이야기가
책 속에서 들려온다

도청 앞 가로수
흐드러진 마로니에 꽃 숲에서
꽃마차 탄 젊은 시인이 튀어나와
당산 쪽으로 달려간다
아스라이 사라져 간다

마로니에가 보이는 카페
3층 창가 탁자에
시집 한 권이 놓여있다
-목마와 숙녀-

폐차장에서

오래된 차를 폐차장에 두고 왔다

자동차 검사 받으러 갔다가
차량 하부가 안 좋아
통과가 어렵다는 말을 들었다
한 해 더 타보려 했는데
어쩔 수 없이 그대로 폐차장으로 향했다
폐차가 산더미처럼 쌓여있는
폐차장 입구에 차를 세워놓고
사무실에서 폐차 수속을 밟다가
밖으로 나와 손님처럼 서 있는 차에서
백미러에 걸린 나무 목걸이를 떼어냈다
이제 차 주인의 흔적이라곤
낡은 의자와 라디오와 핸들에 찍힌 지문뿐
아무것도 남아있지 않은 16년 된 애마
애마의 엉덩이에 손을 얹는데
사무실에서 폐차 증명서를 들고나오던 딸이
아빠를 안쓰럽게 보고 있다

나는 택시 뒷좌석에서
주인을 잃고 쓸쓸히 서 있는 차를
오래도록 바라보았다

길

길을 걷다가 문득 앞을 보면
아마득하여
걸어온 길이
궁금해 뒤돌아볼 때 있지

그 길에는 꽃피는 꿈의 봄날과
초록으로 물든 여름날이 지나고

다시 머리 돌려 앞길을 보는데 눈물 나네
그곳에는 단풍 물든 가을날과
아스라이 눈 내리는 겨울날이 보이네

나 이제 무거운 짐 내려놓고
홀가분하게 길 떠나네
아름다운 여행길 떠나네

777 스케이트

창밖에 눈송이가
솜털처럼 내리다 점점 굵어진다
송이눈 속에서 추억의 조각이
퍼즐처럼 떠오른다

시골 초등학교 종례 시간에
딱딱하고 길쭉한 급식 빵을 받던 가난한 시절
출장 가신 아버지가 읍내에서
쓰리세븐이 새겨진 삐까번쩍한 스케이트를 사 오셨다
마을 어귀 논에 만든 빙판에서 나는
눈을 맞으며 폼나게 달렸다
저녁 무렵 777 스케이트를 목에 걸고
어깨를 들썩이며 집으로 돌아오던

철없던 시절의 추억이
송이눈 속에서 송이송이 살아 나온다

삶을 위하여

알라딘중고서점에서 구입한
헌책의 뒷장 안쪽에
메모지 한 장이 붙어있다

진간장 2컵 설탕 1컵 통마늘 1/4컵
양파 1컵 사과나 배 2/3컵
후추 1작은 술(종이컵 기준) 12인분 기준
1인분 1국자(올리브기름 사용)
양파 당근 대파

메모지의 주인공은
누구를 대접하려고
음식 준비를 했을까

맛있는 음식이 차려진 그날 식탁에는
달콤한 포도주도 있으면 좋겠다
세상에서 가장 밝은 얼굴로
행복의 잔을 부딪치면 좋겠다

헌책에는
우리 삶을 위하여

축복의 잔을 잡고
그 잔을 마시자고
쓰여있었다

여름과 가을 사이 2

밤새 비가 내리고

썰물처럼 여름이 떠나갔다

아침 안개가 걷힌 도서관 뜨락에

밀물처럼 가을이 찾아오고

느티나무가 노랗게 물들기 시작했다

여름과 가을 사이 3

폭염과 폭우가 지나간
해맑은 공원 사거리에서
그늘막 아래 가방을 놓아둔 채
나이 지긋한 어르신이 풀을 뽑고 있다

신호등 기둥과
보도블록 사이의 풀을 뽑아
가지런히 놓아두고
초록색 불이 켜지자
서둘러 횡단보도를 건너간다

건너편 신호등 기둥 아래서
또다시 풀을 말끔히 뽑은 어르신이
가방을 들고 골목길로 유유히 걸어간다

어느새 여름도 멀어져 간다

심야 영화를 보고

아내와 심야극장에서 영화를 본다
오프닝곡이 흐르고
식당 주인 마스터의 독백이 겹쳐진다

날이 저물고 남들 귀가할 무렵
나의 하루는 시작되지
영업시간은 밤 12시부터 아침 7시까지
심야 식당이라고 부르지

도쿄 번화가 뒷골목의 작은 밥집
기본 메뉴는
-불고기 정식
-볶음우동과 메밀국수
-돼지고기 된장국 정식

입맛 도는 마스터의 음식은
손님의 눈물, 행복, 사랑이 버무려져
보석처럼 빛난다

심야극장을 나와 집으로 가는데
묵은지에 돼지고기 숭숭 썰어 넣고 끓인 김치찌개가,

프라이팬에서 노르스름하게 말아낸 계란말이가
먹고 싶다

음식을 기다리며 아내의 식탁에 앉아 있을 때
나는 무량 행복하다

여름이 떠날 무렵 2

공원 숲길 평상에서
어느 노부부가
손수레를 옆에 두고 잠을 잔다
고단한 삶의 무게를 내려놓고 있다

공원 놀이터에는 유치원 아이들이
선생님과 나들이 나왔다
한 아이가 땅에 떨어진 매미를 집어 들고
"이거 살려주세요"
선생님 얼굴이 빨간 단풍잎 같다

공원을 내려다보는 모감주나무가
열매 주머니를 바글바글 달고
염주알을 까맣게 굴리고 있다

여름이 떠날 무렵 3

가로수 플라타너스가 보이는
오후 4시의 스타벅스

카페라떼 잔 안쪽에
튤립 거품 꽃이 하얗게 피었다가
테만 남긴 채 사라지고

플라타너스 꼭대기
폭염에 지친 빛바랜 잎새가
바람에 살랑 흔들린다

은수저

간밤 꿈에
뜬금없이 은수저가 보인다
아침 밥상을 물리고
주방 장식장에서 은수저 세트를 꺼낸다

집안의 은붙이를 죄다 모아
새로 만든 은수저 세트를
어머니께서 팔 남매에게
잘 살라며 나눠주셨다

30여 년 세월의 빛을
은은히 내보이는 은수저
감히 꺼내 쓸 수 없어
다시 장식장 깊숙이 넣고 문을 닫는다

올망졸망 팔 남매
한 상에 둘러앉아 밥 먹던
아련한 은빛 추억이
가슴 한편에 고이 잠긴다

신흥지 낚시터에서

차에 한가득 짐을 싣고
가슴엔 부푼 월척의 꿈을 안고
피서 낚시 떠난다

좌대 앞에 낚싯대를 펴는 순간
요란한 소리와 함께 몰려오는
………폭우………

호수에 어둠이 깔리고
꼼짝 않는 찌불을 바라보는데
졸음 깨우는 뻐꾸기 울음소리가
빗속에서 구르듯 들려온다

긴긴 기다림의 끝에서
아침이 오고
월척의 꿈은 비안개 속으로 사라진다

저수지 꼬부랑길을 돌아 나올 때
가을 낚시의 희망이 벌써 가슴을 채운다

시집 속의 메모

헌책방에서 구해 온
젊은 시인의 시집 속지에
한 줄 메모가 쓰여 있다

'아프지 말고 열심히 움직이자'

시대의 아픈 청춘을 살던 이십 대는
10년이 지난 지금
어디서 살고 있을까

삼십 대로 옮겨간 그가
일가를 이루었을 그가
다만 아프지 않고
열심히 살고 있길 희망한다

물침을 맞다

전면 유리창이 있는 온천탕에서
목욕을 한다
온탕, 냉탕, 열탕
기포탕, 원목탕, 초음파탕, 침탕,
탕도 많다

침탕에 눕는다
쥐구멍만 한 데서 나온 물줄기가
사정없이 등과 발바닥을 두들긴다
자세를 바꾸며 맞은 물침에
온몸이 얼얼하다

동해로 간다
해변에서 수평선까지 펼친 여름 바다
파도는 내 마음의 물침
물침 맞은 가슴이 단숨에 뻥 뚫린다

엠마오 가는 길에서 2

보고 또 보아도
알아보지 못할 때

그 길을 제게 보여 주소서

듣고 또 들어도
깨닫지 못할 때

그 길을 홀로 걷게 하소서

그리하여
엠마오 가는 길에서
그저 한 말씀만 하소서
제가 곧 따르리이다

고속도로 휴게소에서 피어나는 추억

서울 가다가
고속도로 휴게소에 들러
커피 한잔하는데
추억의 건빵 수레가 지나간다
육군 보병학교 시절
지급받은 건빵을 목메게 삼키던
서러운 가을밤…
어둠이 부풀어 오른다

군고구마 가판대가 보인다
어렸을 적
초가의 불 땐 아궁이에서
숯검댕이 고구마를 꺼내
동생과 호호 불며 먹던 긴 겨울밤…
고속도로 휴게소 가판대에 놓인
군고구마 한 봉지
아련한 추억을 보듬고 있다

여름의 끝에서 1

저물녘
폭염이 내려앉은 도시
조붓한 숲길에 들어섰다

키 큰 메타세쿼이아 나무 밑동에
참매미와 매미 허물이
나란히 매달려 있다
오랜 세월의 허물을 벗고 나와
여름 한철
일생을 다 달린 참매미가
고향으로 돌아온 나그네처럼
매미 허물 곁에서
고단한 몸을 기대고 있다

숲길을 나서는데
마지막 햇살에 빛나는 구름 사이로
무지개 떴다

나는 여름의 끝에 서 있다

여름의 끝에서 2

지난봄
산사나무 흰 꽃이
흐드러지게 피어난 소담길에
긴긴 장맛비 지나가고
들끓는 폭염도 지나가고
애달픈 매미 울음마저 떠나간
여름의 끝에서
산사나무는 열매를 떨어뜨려
붉은 수를 놓고 있네

4부

희망의 봄을 위하여

겨울바람이 세차게 불던 날
가오리연은 나뭇가지에 얽힌 연실을 풀고 날아오른다

날아가고 싶어

아파트관리소 옆
키 큰 메타세쿼이아 나무에 걸린
가오리연 하나
겨울바람에 속절없이
흔들리고 있다

어떤 아이가 날리던 연일까
하늘로 띄우고 싶은 어린 꿈이
나무에 걸린 걸까
바람 불면 요동칠 뿐
날아갈 수 없는 가오리연

겨울바람이 세차게 불던 날
가오리연은 나뭇가지에 얽힌 연실을 풀고
날아오른다
파아란 하늘로 둥둥
아파트 숲을 지나 산을 넘는다
(오! 놀라워라 새도 아닌 것이
저렇게 높이 날 수 있다니)

가오리연에 내 마음도 실어 보낸다
가볍게 날아간다

엄동설한 속에서

이른 아침 기온이 영하 11도
아파트 거실에서도 몸이 움츠러들 때
TV 화면 아래쪽에서
줄지어 흘러가는 날씨 자막들

서울 근교에 봄을 알리는 복수초가 피었다고
2주나 일찍 꽃을 피웠다고
양양 설악산 최저 기온이 영하 24도라고
전국에 한파경보와 주의보가 내렸다고
내일은 강풍을 동반한 눈도 내린다고

TV 안에서 줄줄 춤추듯
입춘 지난 소식들 들려온다
엄동설한의 신새벽
거실에서도 몸을 움츠리는

복숭아와 기도

어느 신부님이 어머니 전화를 받았다

"신부님, 비바람에 어린 복숭아가 많이 떨어져요
기도 좀 해주세요"

모처럼 어머니 부탁을 거절할 수 없어
신부님은 기도를 했다

복숭아 수확 철에
다시 전화를 건 어머니가
올해는 복숭아가 더 크고 달게 익어
돈 많이 벌었다며
고맙다 했다고

아하, 청하면 주시는구나
나는 무릎을 쳤다

봄, 흐르다

삼월 여린 바람에
처가 옆집 담장 너머로
샛노란 영춘화가 피었다

사월 따순 바람에
무심천 둑방길 따라
벚꽃이 피었다

오월 푸른 바람에
도청 앞 마로니에는
순백의 꽃을 피우고 서 있다

꽃바람 타고 흐르는 봄은
옛 노래처럼 또 그렇게
흘러가는 것이다

2월의 끝에 서서

분평에서 지북까지
무심천 둑길을 걷는다

도심을 벗어날 때쯤
둑길 아래 자투리 밭에서
노부부가 농사 준비에 바쁘다

효촌보를 지날 때
빛바랜 갈대숲에서
마음 급한 강태공이
무심천 강심에 찌를 세우고 있다

지북동 무심천 둔치
포클레인 옆 여인네들이 밭을 일구며
유채꽃 씨 뿌릴 준비를 한다

나는 신송교 난간에 멈춰 서서
5월 봄바람에 일렁이며
지천으로 피어날 유채꽃을
마음속에 그려본다

최강한화

2025년 하지가 가까운 유월의 밤
야구장 불빛이 대낮 같다

승리보다 패가 많이 쌓이던 한화가
올해는 다르다
만년 꼴찌 형세가 아니라
우승을 넘보는 겁 없는 형세다

당당히 2강을 달리는 한화 야구팀
팬들도 얼굴에 함박꽃이 피었다
응원의 상징이 된 8회의 외침
최-강-한-화-
환한 웃음의 외침이 되기까지
오랜 기다림이 있었다

올가을 야구장에서
우승을 기원하는 최-강-한-화- 외침이
내 귀까지 들려오면 좋겠다

비로봉과 도담삼봉

철쭉제가 절정인 소백산에서
철쭉꽃에 홀려보겠다고
어의곡 돌길 따라 비로봉에 올랐는데
산등성이 철쭉 군락지에는
몇 그루 철쭉나무만 수줍게 꽃망울을 내밀고 있다

백두대간 거센 바람은
실망스런 나에게
그게 어디 내 탓이냐고
꽃은 날짜에 맞춰 피는 게 아니라고
지친 내 몸을
자꾸자꾸 아래로 밀쳐 내린다

해 질 녘
멀어지는 소백산을 바라보며
그래도 철쭉꽃 몇 송이 본 게 어디냐고
오길 잘했다 생각하는데
동해에서 소백산을 넘어온 지친 해가
남한강에 들어앉은 도담삼봉을
철쭉꽃처럼 붉게 붉게 피워내고 있다

빅토리호의 기적

눈 내리는 흥남부두에
빅토리호가 떴다
1950년 12월 엄동설한 그날
흥남철수작전이다

레너드 라루 선장은
무기와 탄약을 버리고
정원 60명의 화물선에
피난민 1만 4천 명을 태우고
동해로 출항한다

이틀 만에 도착한 거제도
메러디스 빅토리호에는
소중한 생명 다섯 아기가 더 늘어
모두 목숨을 구했다

레너드 라루 선장은
미국으로 돌아가 수도원에 입회하고
47년간 단 한 번도
수도원 밖을 나가지 않았다

새해맞이

한 해의 마지막 밤이 길다
긴긴밤을 방송국에서 지새울 때
시간은
몸과 마음을 긴장시키며
놓아주지 않는다

카운트다운과 함께
제야의 종 타종식으로 이어지는
중계방송을 모니터하며
새해를 맞는다
시간은
더디 가고
새벽 5시
새해 첫 개시 멘트와 함께
TV와 라디오 방송이 시작되면
비로소 안심이다
밤새 무탈하게 잘 버텨준
송신기들이 고맙다

아침 퇴근길에
선도산 위로 솟아오른 해를 본다
몸과 마음이 가볍다

봄 시화전을 마치고

2주 동안
용바윗골 낙가천 벚꽃길에서
꽃샘바람과 봄비를
온몸으로 견디며
독자와 마주하던 시화가
집으로 돌아왔다

새똥으로 얼룩지고
장미 가시에 상처 난 시화를
방바닥에 눕혀놓고 속삭인다
버텨줘서 고맙다고
미안하다고

5월의 끄트머리에서 1

때죽나무와 산사나무와
이팝나무와 마가목꽃이 지고
소나기가 한차례 지나갔다
한층 짙어진 공원 숲속에
여름이 살포시 스며들었다

5월의 끄트머리에서 2

장미 터널 속을 걷는다

장미 줄기와 잎과 꽃 사이로 꽂히는
5월의 마지막 햇살이 눈 부시다

장미 터널을 빠져나와 낙가교에 섰다

빛바랜 수만 송이 붉은 장미가
봄바람에 일제히 손을 흔든다

봄은 안녕을 고하고
버들치 노니는 낙가천에
여름이 어른거린다

붉은 동백꽃, 나가사키

산복도로 끄트머리
게스트하우스 앞에서
겨울비 내리는 나가사키만을
내려다본다

동양의 나폴리라는 말처럼
산 아래 보이는 항구도시는
고즈넉이 야경을 펼쳐 보인다
이곳이 원폭으로 잿더미가 되었던
그 도시란 말인가

날이 밝아오고
동트는 나가사키만을 보다가 중얼거렸다
아, 나가사키
폐허에서 피어난 붉은 동백꽃

산복도로
조붓한 골목길을 내려가는데
다다미방 담장 너머로
붉은 동백꽃이 지고 있다

봄 산

오월 봄비에 산이 젖는다

젖은 산속에 흰 핏줄기처럼
아까시나무꽃이 피어있다

다가갈수록 봄 산은
속살에 박힌 흰 피를 드러내며
환하게 내게로 온다

얘기 좀 합시다

눈 동그랗게 뜨고
얘기 좀 합시다 하면
가슴이 덜컥 내려앉는다
내가 무슨 잘못 했나

핏대 세우며 설전 벌어질 때
이 사태를 어찌하랴 고민한다

화해하고 나면 별것 아닌데
그만 상처가 된다

얘기 좀 합시다 할 때
음악이 흐르는 까페에서
머리를 맞대고 조곤조곤 얘기 나누는
꽃자리였으면 좋겠다

장어 낚시꾼의 꿈

아까시꽃이 피었다
댐 낚시 시즌이다

옥천군 안남면 연주리
금강이 U자로 굽이쳐 흐르는 곳
낚시꾼은 여장을 풀었다
열 대의 릴을 펼치고
낚싯바늘에 굵은 산 지렁이 꿰어
강심으로 던져 넣었다

낚시는 오랜 기다림이다

산그림자 짙어진 강에 박힌
낚싯줄이 긴장을 끌어당기고 있다
팽팽하다
달무리 진 보름달이 둔주봉으로 넘어가고
강에 물안개 피어오르는데
입질은 깜깜무소식
이번에도 허탕이다

그러나 낚시꾼은

대물 장어와 겨루기를 멈추지 않을 것이다
연주리에 가을이 깊을 때까지

꽃사과나무와 봄비

봄비가 내린다
잎새도 열매도 없는
꽃사과나무에 생명이 핀다

영하의 초겨울
꽃사과나무 열매는
한꺼번에 떨어져 땅으로 내려앉고
눈과 서리에 고독했다

봄비가 내린다
꽃사과나무는 비에 젖으며
가지 끝을 부풀리고 있다

새싹을 틔우고
꽃을 하얗게 피울
봄의 꿈을 부풀리고 있다

그늘막

곡우와 입하 사이
따스한 봄날
공원 사거리 모퉁이에
초록 그늘막이 펼쳐졌다

'따뜻한 봄이 오면
다시 펼쳐집니다'

그 약속을 지키려는 듯
문구가 쓰인 포장 옷을 벗고
둥근 팔을 벌려
두 평 그늘을 드리우고 있다

긴긴 겨울을 견디고
따스한 봄날을 맞은 사람들
그늘막 아래서 마주할 때
살가운 눈인사 나누면 좋겠다

신비한 뿌리

보라 등나무꽃 출렁이고
송홧가루 연기처럼 날리는 오월
서천 국립생태원으로 간다

국숫발 같은 식물의 뿌리가
발길을 붙잡는 열대관
시서스의 공기뿌리를 따라가면
천장에 초록 잎 햇살을 가르고
줄기에서 나온 긴 뿌리가 허공을 휘젓는다
마주 보며 살아가는 길은 열대다

서해로 간다
바람을 짊어진 파도 속에는 바다의 뿌리
생명의 젖줄이 심해까지 닿아
물고기와 조개와 해초의 무릉도원이 아닌가

늦은 밤 몸을 눕히는데
어둠 속에서 긴 뿌리가 서서히 내려오고
나는 그 꿈의 커튼으로 들어간다
공주의 포도 덩굴 속으로*

*공주의 포도 덩굴: 시서스의 별명

날개를 펼쳐 오르는 기상

—김종륭 시집 『3시 반 차를 기다리며』

날개를 펼쳐 오르는 기상
―김종률 시집 『3시 반 차를 기다리며』

증재록(한국문인협회홍보위원)

1. 꽃보라로 일어나는 심중

고요에서 파문은 일어난다. 두근대며 서서히 다가선 눈길, "3시 반 차를 기다리며" 굳이 오전 오후를 따지지 않는 그 무한 시간의 품이 넓다. 3시에 오전을 넣으면 아직 어둠 하나를 지우지 않은 평등으로 편안한 쉼이요, 오후를 넣으면 분주한 일상의 고빗사위를 보내고 서서히 마무리 지어 여유를 갖는 시간으로, 3 그 숫자의 의미를 새긴다. 현재에서 더듬는 과거에 미래를 보며 창조와 소망을 이루고, 또한 천·지·인이 하나로 조화롭게 살아가며 이상적인 자연의 질서를 추구하는 기상의 날개를 펼쳐 오른다. 특히 삼위일체의 교리를 계시하는 의미를 심으면서 시적 효과를 확산하여 두 손 모으는 제목을 꽃피운다. 3시 와 4시 그 가운데 '반' 그 사이는 중심 잡기다. 이쪽저쪽 치우치지 않고 가운데서 좌우를 살피는 혜안으로 깨달음을 모아 펼친 시의 집이다.

첫머리를 보고 보따리를 끄른다. 김종륭 시인, '비오' 세례명이며 필명이기도 하다. '비늘처럼 반짝이며 오르리라' 그 뜻으로 시심을 펼치고 있는 김종륭 시인, 세계의 눈과 귀를 사로잡는 방송의 첨병 자리에서 한 삶을 보내고 느지막이 시심을 펼친다. 시인은 조용하면서 품위가 깊다. 보수적인 듯 신사고로 앞서는 품성, 시인은 조용하다. 그 깊이엔 폭풍이 일어나는 심중이 꽃보라다. 뭔가 들락거리는 숨길이 눈을 뜨고 바라본다. 철 따라 일어서는 바람이 마음을 흔든다. 봄 여름 가을 겨울이 순리로 들어와 솔솔 불고 돌개 소슬 서릿발까지, 동서남북 방향으로 강쇠에서 하늬로 잎 트고 꽃 피고 열매 맺은 뒤풀이까지, 모두 다 돌고 다시 돈다. 그 사이마다 들어선 바람이 풍풍 날갯짓이다. 생명의 활기인 바람이 들어간 소중한 살이 쌀 앞에서 막걸리 한 잔에 거나해진 채 삽 들고 논둑 걷는 풍년 바람을 시로 맞는다.

시험받지 않고 우울해하지 않고 절망하지 않는 오늘 새벽의 기도가 시의 씨앗이다.

2. 날개를 젓다

기다림, 누구를 기다리는 거야? 똑딱똑딱 기다림의 초침은 숨결이다. 그새 사이가 좁혀온다.

누구야? 누구신데 몇 시간을 그것도 그 어려운 반을

꼽으며 분침을 헤매게 만드는지? 누구? 누구야? 주름은 흐를 줄 몰라 한 솔기 서리에도 꽁꽁 얼어붙어 우르르 쏟아져 나온 일, 한 시도 자리에 없으면 숨을 쉴 수 없어 그만 나락의 길로 사라져 가버리는 바람 바람, 그 바람이 이름도 많고 비유도 엄청나서 어딘가로 가서 제자리 찾기를 기도하며 훨훨 날개를 휘젓는다.

　　은행나무 아래 마당에서
　　검둥개가 밥그릇을 마주하고 있다

　　찌그러진 양은그릇에
　　은행잎이 덮인 사료를 먹지도 못하고
　　물끄러미 바라만 보는 검둥이

　　늙은 은행나무가
　　노란 은행잎을 마당에 깔고
　　빈 가지만 남은 채
　　검둥이와 개밥그릇을 내려다보며
　　쓸쓸히 서 있다

　　가을이 깊어간다
　　─「가을 풍경화」 전문

가을 그 깊이에서 갈갈거리며 웃는 듯, 아무 일 없어 낙관적인 듯, 그리움과 고요의 은행잎을 보며 사색에 빠진다. 한시를 먹지 않으면 숨을 유지할 수 없는, 세속에 물이 들어 검어진 검둥이가 주의하라 조심하라는 노랑의 세상 앞에서 외롭고 쓸쓸하지만, 감정의 진폭이 크다. 가을은 사색의 계절이라고 부른다. 깊이를 파고들면 무한히 솟아오르는 목숨의 길, 생각 없이는 일상의 회오리 속에 빨려들어 헤쳐나오기 어려운 길에서 은행잎과 검둥이의 만남을 은유로 표현 현실을 돌아보게 한다.

10월 달력을 떼어내고
집을 나섰다

중흥공원 초입
옹벽 담쟁이넝쿨 아래서
돈 벌러 나온 젊은 부부가
통통한 붕어빵을 굽고
겨울 점퍼를 입은 아이들이 뛰노는
놀이터 옆 은행나무는
샛노란 옷을 벗어
잔디 위에 소복이 쌓아놓는데

저만치 공원 끝으로
쓸쓸히 떠나가는

가을
―「11월」 전문

　자연의 흐름에서 사물을 보고 추구하는 시는 지식도 과학도 아니고 낭만적이거나 환상도 아니라는 걸 배운다. 가장 중요한 건 경험, 소소하지만, 일상에서 일어나는 수많은 희로애락의 고리, 이론으로는 도저히 깊이를 팔 수 없는 지적 성찰을 준다. 11월, 그 숫자에서 똑같이 함께라는 뜻을 심는다. 홀로는 살 수 없어 함께 그리고 벗어나는 탐욕, 그 속에서 나눔이 나오고 사랑이 깊이를 풀어낸다. 11월은 함께 하는 계절, 가을의 낙엽은 서로 보듬고 쌓여가며 함께라는 의미를 알려준다.

　신새벽에서 멀리 왔다

　정오의 고개를 넘어
　나른해지는 오후 3시
　대합실에 모인 사람들은
　각자 가야 할 곳으로 표를 끊고
　버스를 기다린다

　11번 게이트, 문 앞에 걸터앉아
　생각한다

해질녘까지
아직 세 시간이 남아있고
버스 타고 그곳에 도착하면
강둑 따라 피어있는 코스모스 꽃길과
너른 들판을 황금빛으로 물들이는
해넘이 풍경을 볼 수 있으리

버스 시동이 걸린다
가슴을 흔드는 진동과 함께
이곳을 떠나는 아쉬움과
그곳을 떠올리는 보고픔을 안고
3시 반 차는 떠난다
─「3시 반 차를 기다리며」 전문

떠난다, 떠나는 길은 이별의 원초적인 바닥, 가면 온다는 섭리 그걸 뒤로하고 떠난다. 3시 그 신비로운 숫자는 잠시도 쉬지 않고 돌아 돌면서 새벽을 열고 하루를 내리는 문 앞에 선다. 그리움이 있어 보고픔이 다가온다. 3시의 새벽을 깨고 해돋이에서 오른 고개, 3시의 해넘이에서 지나온 길을 돌아보는 건 자신의 자국 찾기, 아쉬움이 있어도 그만하면 됐다. 세상과 어울려 산들거린 그리고 눈을 부시는 황금의 들판이 석양을 담으면서 새로운 날개를 편다.

곡우와 입하 사이
따스한 봄날
공원 사거리 모퉁이에
초록 그늘막이 펼쳐졌다

'따뜻한 봄이 오면
다시 펼쳐집니다'

그 약속을 지키려는 듯
문구가 쓰인 포장 옷을 벗고
둥근 팔을 벌려
두 평 그늘을 드리우고 있다

긴긴 겨울을 견디고
따스한 봄날을 맞은 사람들
그늘막 아래서 마주할 때
살가운 눈인사 나누면 좋겠다
―「그늘막」 전문

그늘막은 사방을 연다. 강한 햇볕을 가리며 빛살은 품
고 바람에겐 활짝 문을 연다. 그늘이란 배경이고 희망이
다. 세상살이에 누구인가가 그늘이 돼주고 그늘 속에 있

다는 거, 그건 내일을 바라보는 힘이다. 그늘은 순수하고 겸손하게 펼쳐지지만 얼마나 많은 쓰라림을 감수할 것인가. 익숙해져 있는 사물에 대하여 진지하게 탐색한 시심에 공명이 일어선다. 봄은 꿈이고 만남이다. 그늘막을 펼쳐주면서 말없이 마음을 움직인다.

3. 출발은 지금이다

자전거 타기를 좋아하며 산 오르기를 즐기는 시인은 본성이 동그라미인 듯하다. 둥글둥글 돌아가는 미소가 항시 꽃이다. 질 줄 모르는 꽃, 가톨릭 세례명인 '비오'를 가슴에 품고, 시적 필명 '비오'로 새겨본다. 비상하라 오르막에서는 가쁘게 날개를 저어라! 말보다는 잽싼 움직임이 마음결에서 일어나는 고요한 미소가 참의 꽃이다. 비오 김종률 시인이 두 번째 시집 '3시 반 차를 기다리며'를 펴냈다. 서정 속에 기다림과 보고픔 그리움, 현재 미래 과거를 모두 담고 상상력을 무한하게 펼쳐준다.

삶이라는 둥근 바퀴, 구르고 굴러 돌아가는 그 자리가 석양이면 다시 제자리로 돌아와야 편안한 쉼을 주는 밤의 깊이. 본시 교육자 집안에서 도덕과 윤리를 기반으로 동심을 시로 그리며 성장한 아름다운 마음은, 한 치의 오차도 용납 안 될 방송 업무에 종사하면서 시심은 멀어졌었다. 퇴직 후 다시 끄집어낸 서정은 금세 진달래꽃처럼 피어올라 물결을 친다. 1집『왕벚나무 그늘에서』이후 시적 시간과 정신적 지리를 더 깊이 파고든 두 번째 시집 『3시 반 차를 기다리며』에서는 따뜻한 질감을 만나게 된다. 돌아보는 과거의 표정은 현실 공간을 채우는 새로운 출발점이다.

비오 김종룡 시인은 언제나 비상한다. 나날이 더 휘돌아 비틀며 오른다. 시심이 줄을 잇고 이어가는 숫자로 선다. 마음 자락에 각인된 아름다움은 오가며 바라보는 나무에서 날짜를 보고 일기를 예견하고 달빛의 향수와 햇빛의 열정이 어우러져 새로운 탄생으로 편안한 시심의 촉매 역할을 한다. 허공마다 푸르스름 꽉 찬 빛을 헤치는 힘과 용기가 금세 날아오를 듯하다. 날마다 달마다 훨훨 날개 펴기를, 시간마다 분마다 착착 마음 펴기를 기대하는 평안이 자리를 잡는다. 하느님의 선택과 은총으로 복음의 기쁨을 안고 날을 재서 수를 세며 부족한 점을 성찰하는 시인이다.

3시 반 차를 기다리며

김종륭 지음

발행처   도서출판 청어
발행인   이영철
영업   이동호
홍보   천성래
기획   육재섭
편집   이설빈
디자인   이수빈 | 구유림
인쇄   정우인쇄

등록   1999년 5월 3일
          (제321-3210000251001999000063호)

1판 1쇄 발행 2025년 10월 20일

주소   서울특별시 서초구 남부순환로 364길 8-15 동일빌딩 2층
대표전화 02-586-0477
팩시밀리 0303-0942-0478
홈페이지 www.chungeobook.com
E-mail   ppi20@hanmail.net

ISBN   979-11-6855-393-4(03810)

이 책은 충청북도, 충북문화재단의 후원을 받아
예술창작활동지원사업의 일환으로 발간되었습니다.